Ile St Louis.
Mémoire
sur une réparation très
urgente.
1751.

20

MÉMOIRE
ET CONSULTATION,

Au sujet d'une Réparation très-urgente & indispensable pour la Conservation de l'Isle Notre-Dame, à faire au gros mur du Quai d'Alençon dans la partie du Pan-coupé, proche le bas de la descente à la Riviere, & vis-à-vie une Maison neuve, construite par feu M. De la Haye.

FEU M. DE LA HAYE a présenté un Mémoire à Mrs les Prévôt des Marchands & Echevins de la ville de Paris le 18. Août 1750. par lequel il a demandé, qu'il leur plût de faire rétablir, aux frais de la Ville, le mur du Quai d'Alençon devant sa Maison, pour prévenir le danger qui pourroit en résulter l'hiver lors prochain, & profiter à cet effet de la saison favorable des basses eaux.

Il a représenté dans ce Mémoire, que cette réparation, qui procédoit de la dégradation & chûte de plu-

ſieurs groſſes pierres des premieres aſſiſes, étoit d'autant plus urgente que les grandes eaux & les glaces de l'hiver pourroient par leur rapidité, faire tomber la partie du gros mur qui menace ruine, entraîner le pavé & l'élevation de la rue, laquelle n'étant formée que de terres rapportées, n'avoit aucune conſiſtance & ſeroit emportée, ce qui mettroit la Maiſon dudit Sieur De la Haye & celles de ſes voiſins en danger ; Que la rue qui ſe trouve entre les Maiſons & le mur du Quai appartenoit au Roi, lequel en entretenoit & rétabliſſoit le pavé ; Que M[rs] les Prévôt des Marchands & Echevins, ſuivant les articles qui compoſent le Titre 32. de l'Ordonnance du mois de Décembre 1672. étoient chargés de la Police, Viſite & *Réparations des Quais*, comme de l'entretien des Ports & Abreuvoirs ; Que l'Edit du mois de Juin 1700. portant Réglement pour la Juriſdiction du Lieutenant général de Police, & celle des Prévôt des Marchands & Echevins de la ville de Paris, ordonnoit, Article V. que les Prévôt des Marchands & Echevins prendroient connoiſſance & auroient Juriſdiction ſur les Quais, pour empêcher que l'on n'y mît aucune choſe qui empêchât la Navigation ſur la riviere, & pour en faire ôter celles qui y auroient été miſes, & pareillement celles qui pourroient cauſer le dépériſſement des Quais de l'*ENTRETIEN DESQUELS ILS SONT CHARGÉS*, & ſans qu'ils puiſſent y faire conſtruire à l'avenir aucunes Echopes ni aucuns autres Bâtimens de quelque nature que ce puiſſe être, ſans en avoir obtenu la permiſſion de Sa Majeſté ; Qu'il étoit d'autant plus juſte que l'Entretien des Quais fût à la charge de la Ville que leurs dégradations, comme celle de la partie du gros mur dont il s'agit sont occasionnées par les Bateaux qui y sont journellement attachés, & que les auteurs du Sieur De la Haye n'ont pas acquis le terrein de la rue qui est libre, ni celui du mur du Quai sur lequel ils n'ont pû construire aucun Bâtiment qui ait pû le surcharger, & que dans ce même mur il y a un Escalier de descente pour puiser de l'eau à la riviere & pour l'utilité publique; Que l'innondation & les glaces de 1740. ayant mis le mur du Quai qui forme la pointe Orientale de l'Isle en danger, le Bureau de la Ville l'avoit fait promptement réparer à ses frais, sans y faire contribuer M. le Marquis de Bretonvilliers; Que dans l'année 1716. une portion du gros mur du Quai des Orfévres étant tombée le 13. Janvier, elle fut également rétablie aux frais du Bureau de la Ville; & enfin qu'il seroit aisé de citer un nombre de pareils exemples.

Le Mémoire présenté à la Ville par feu M. De la Haye, a été renvoyé à M. le Procureur du Roi, & depuis l'année 1750. il n'a pas été pourvû à la réparation du Quai d'Alençon: ce que la Ville refuse de faire, alléguant que l'Entretien & les Réparations du gros mur qui forme l'enceinte de l'Isle, sont à la charge des Seigneurs & Propriétaires des Maisons de l'Isle.

M. le Procureur du Roi de la Ville prétend que les Propriétaires des Maisons de l'Isle ayant été subrogés en l'année 1643. aux anciens Entrepreneurs pour l'achevement de la construction des Ponts & Quais, doivent être tenus de l'entretien & réparation desdits

Ouvrages, attendu qu'il n'a été fait par la Ville aucun Procès-verbal de réception d'iceux.

Pour pouvoir décider si le motif qui empêche la Ville de pourvoir à la réparation du Quai d'Alençon est juste & fondé, il est nécessaire de rapporter ce qui s'est passé pour parvenir à la construction des Ponts & Quais de l'Isle.

Le projet de faire bâtir l'Isle avoit été formé sous le Régne de Henry IV. & le Duc de Sully, Grand Voyer de France, avoit eu ordre de ce Prince d'en faire dresser le Plan. Cette Isle située à l'Orient de celle de la Cité, étoit autrefois divisée en deux Isles d'inégale grandeur, par un petit canal qui la traversoit vers sa partie Orientale, au même endroit où est aujourd'hui l'Eglise de Saint Louis. Ces deux Isles qui étoient en Prairies, appartenoient originairement au Chapitre de Paris; la plus grande portoit le nom d'*Isle-Notre-Dame*, & la plus petite celui d'*Isle-aux-Vaches*.

Les Comtes de Paris s'en étoient mis en possession & les avoient anciennement réunies à leur Domaine; mais Charles Le Chauve les ayant rendues en 867. * à l'Evêque & au Chapitre de Paris, la Seigneurie en est demeurée par la suite au Chapitre seul.

* Lettres Patentes de Confirmation du Roi Philippe-Auguste de l'an 1190.

Louis XIII. ayant résolu d'exécuter le projet formé sous le régne de Henry IV. pour la construction de l'Isle, Christophe Marie, Entrepreneur général des Ponts & Chaussées de France, fut choisi pour l'exécution de cette entreprise, de laquelle il lui fut passé Contrat par les Commissaires du Roi au nom de S. M. le 19. Avril 1614. ratifié par Lettres Patentes du 6. May de ladite année.

Marie s'obligea de joindre les deux Isles en remplissant le canal qui les séparoit, de les environner dans dix années, de Quais revêtus de pierres de taille, d'y bâtir des Maisons, d'y faire des rues de la largeur de quatre toises & un Pont pour passer du quartier S. Paul en cette Isle, moyennant la concession qui lui fut faite du fond & de la superficie du terrein des deux Isles, dont le Roi se chargea de faire l'acquisition du Chapitre Notre-Dame.

Cet arrangement qui avoit paru facile, a souffert de longues difficultés par l'opposition du Chapitre Notre-Dame qui fit surseoir les Ouvrages, & se pourvût tant au Parlement qu'au Conseil, où il fut rendu deux Arrets les 6. Octobre 1616. & 30. Août 1618. par lesquels il fut ordonné que le Marché fait avec Marie seroit exécuté ; & que pour récompenser le Chapitre du droit de propriété, il lui seroit payé 1200. livres de rente sur le Domaine du Roi, que tous les droits de Censives, Lods & Vente de l'Isle, lui appartiendroient après les soixante années de jouissance de Marie expirées; & que le terrein qui est derriere l'Eglise Notre-Dame, seroit revêtu de pierres de taille par les mêmes Entrepreneurs, aux dépens du Roi.

Marie avoit associé pour moitié dans son Entreprise, Le Regratier, Trésorier des Cent-Suisses, & Poultier; ils avoient fait bâtir une partie de l'Isle lorsqu'ils se déterminerent à céder leur Traité à Jean Delagrange, Sécrétaire du Roi. Comme il se trouvoit alors quelques changemens à faire pour perfectionner les Ouvrages du premier projet; il fut passé un nouveau Contrat le 16. Septembre 1623. par lequel Delagrange s'obligea d'indemniſer Marie & ſes Aſſociés, & de continuer les Ouvrages ſuivant le nouveau Plan & les nouveaux Devis qui en furent donnés ; de faire conſtruire un Pont de bois pour paſſer de l'Iſle au quartier Saint Landry, deux autres Ponts de pierres de taille en arcades, l'un, du côté de l'Arcénal, de quatre piles, & l'autre, du côté de la Tournelle, de cinq piles, & de rendre tous ces Ouvrages parfaits dans ſix ans, à commencer du premier Mars 1624.

La liquidation des indemnités dont Delagrange, nouvel Entrepreneur, étoit tenu envers Marie, Le Regratier & Poultier anciens Entrepreneurs, ayant fait naître pluſieurs conteſtations & un Procès entr'eux au Conſeil, les Ouvrages de l'Iſle furent ſuſpendus. Ils furent conſeillés de s'accommoder ; & par Arrêt du Conſeil du 24. Juillet 1627. Marie, Le Regratier & Poultier furent ſubrogés à Delagrange pour continuer l'Entrepriſe, à la charge d'entretenir toutes les clauſes du Contrat fait avec lui le 16. Septembre 1623. Il fut ordonné par le même Arrêt qu'ils nommeroient un Receveur, pour recevoir tout ce qui proviendroit de la vente & des loyers des places de l'Iſle & des paſſages des Ponts, pour en faire l'emploi au payement des Ouvriers ; & on les obligea de rendre compte au Roi de ſix mois en ſix mois du progrès des Ouvrages. Ils préſenterent pour Receveur Me Martin Lyonne, Tréſorier général des Suiſſes, qui fut agréé & reçu par Arrêt du Conſeil du premier Septembre de la même année ; ce même Arrêt nomma les Sieurs Almeras Maître des Comptes, & de Laiſtre Bourgeois de Paris, pour avoir l'Intendance ſur les Ouvrages, & tenir la main à l'exécution du Traité. Après toutes ces précautions, les anciens Entrepreneurs continuerent à faire travailler.

Pendant le cours de ces différens évenemens, le Chapitre de Notre-Dame avoit toujours troublé, & continuoit encore de troubler les Entrepreneurs des Bâtimens de l'Iſle, ce qui retardoit conſidérablement l'exécution de leurs Traités.

Le Roi voulant enfin faire ceſſer entierement cet obſtacle, traita avec le Chapitre. Par le Contrat paſſé entre les Commiſſaires du Roi au nom de Sa Majeſté, & le Chapitre de Notre-Dame le 14. May 1642. regiſtré au Parlement, avec les ratifications, le 6. Juin de la même année, le Chapitre vendit au Roi la place qui avoit été choiſie vers le Port Saint Landry pour la culée du Pont de bois, avec le fond de l'Iſle Notre-Dame, & la jouiſſance des Lods & Vente de ces Maiſons pour ſoixante ans ſeulement, à compter de l'année 1614. à la réſerve des Cenſives, de la Voirie, de la Juſtice haute, moyenne & baſſe, & de 60. ſols à chaque mutation. Il fut convenu qu'après les ſoixante ans expirés, le Chapitre rentreroit en poſſeſſion de tous ſes droits Seigneuriaux; & enfin, le prix de cette vente fut fixé à 50000. livres amorties & déchargées de finances & de toutes charges, qui ſeroient payées dans un mois, pour être employées en fonds de terre.

Auſſitôt après ce Traité, le Conſeil ordonna que

cette somme de 50000. livres seroit levée sur les Propriétaires des Masures & Maisons de l'Isle à raison de 50. sols par toise. Cette imposition indisposa les Habitans de l'Isle contre les Entrepreneurs ; les Bourgeois s'assemblerent en 1643. & firent demander par Hebert, l'un d'eux, d'être subrogés à Marie & ses Associés : offrirent d'achever dans trois ans, les Ponts & Quais qui restoient à faire ; de les rendre parfaits dans quatre années ; de payer au Chapitre les 50000. l. que le Roi lui avoit promis, & de donner encore pareille somme de 50000. livres pour faire revêtir en pierres de taille le terrein ; & enfin, de remplir tous les Traités qui avoient été faits avec les Entrepreneurs, & les dispositions des Arrêts qui en avoient ordonné l'exécution. Ces offres furent acceptées ; le Roi transporta aux Propriétaires des Maisons de l'Isle, toutes les places qui restoient à vendre & tous les Droits concédés à Marie : on y ajouta néanmoins cette condition, qu'en cas que tous ces effets ne fussent pas suffisans pour la dépense qui seroit nécessaire pour finir les Ouvrages ; ce qui manqueroit, se leveroit sur tous les Propriétaires : & qu'en cas qu'il y eût de l'excédent, il appartiendroit à Marie & ses Associés.

Ce dernier Traité fut exécuté, au moyen de quoi les Ouvrages de l'Isle commencés par Marie & ses Associés en 1614. continués par Delagrange en 1623. & repris en 1627. par Marie & ses Associés, furent enfin achevés par les Propriétaires des Maisons de l'Isle en l'année 1647. & ce nouveau quartier de Paris a été depuis ajouté à celui de la Cité.

La

La haute, moyenne & basse Justice de l'Isle, dont le Chapitre de Notre-Dame étoit demeuré en possession, a été réunie au Châtelet de Paris par l'Edit du mois de Février 1674. & ce Chapitre a encore été privé de son droit de Voirie que le Roi a retenu.

Telle est la suite des différens événemens qui ont précédé l'état auquel se trouve aujourd'hui l'Isle Notre-Dame, dite communément de Saint Louis.

L'Hôtel de Ville de Paris qui jouit actuellement de revenus très-considérables, ne doit l'opulence à laquelle elle est parvenue, qu'à des événemens plus récens & postérieurs à ceux qui ont fait de l'Isle Notre-Dame un des quartiers de Paris, qui contribue le plus à la décoration de cette Ville.

Sous les Régnes de Henry IV. & Louis XIII. l'Hôtel de Ville ne jouissoit que d'un très-modique revenu, & du produit des Lettres de Bourgeoisie; il n'avoit aucun droit à son profit sur les Vins, Eaux-de-vie, Boissons, Pied-Fourché, Denrées & Marchandises: la modicité du revenu de son Domaine, de son Casuel, du produit des Eaux & de quelques Droits qui lui étoient attribués sur les Bateaux pour arrivage, séjour dans les Ports & demeure dans les garres, suffisoit à peine à pourvoir à l'entretien des conduites des Eaux des Fontaines & des Ports de cette Ville.

Les Prévôt des Marchands & Echevins n'étant pas en état de contribuer aux dépens des embellissemens de la ville de Paris, les Rois Henry IV. Louis XIII. & leurs Prédécesseurs ont ordonné les constructions des Ports, Quais, Places & autres Ouvrages publics faits ſous leurs Régnes, pour la décoration de cette Ville; ils en ont fait faire les Devis & Marchés, & ont pourvû au payement & réception des Ouvrages.

Depuis que Louis XIV. a concédé à l'Hôtel de Ville différens Droits ſur les Vins, Boiſſons & Pied-Fourché, qui ſe levent aux Entrées de Paris ſur les Habitans de ladite Ville, les Prévôt des Marchands & Echevins ont été chargés de propoſer au Roi les Ouvrages convenables pour la décoration de cette Ville, d'en faire dreſſer les Devis, d'en paſſer les Marchés, d'en faire les réceptions, & de pourvoir à leur payement.

Tel eſt l'état actuel de l'Hôtel de Ville, bien différent de celui auquel il ſe trouvoit ſous les Régnes de Henry IV. & Louis XIII. Les Droits concédés & réunis à perpétuité à ſon Domaine conſiſtent en ceux des Inſpecteurs aux Boucheries & aux Boiſſons, Doublement & Deux ſols pour livre deſdits droits, Vendeurs, Courtiers, Jaugeurs, Meſureurs & Controlleurs des Jaugeurs, Eſſayeurs, Viſiteurs ſur les Eaux-de-vie & ſur la Bierre. Tous ces Droits réunis fourniſſent un produit annuel de plus de Deux millions. L'Hôtel de Ville a acquis ſour les Régnes de Louis XIV. & de Louis XV. ſucceſſivement, tous ces différens Droits, moyennant de ſi modiques finances qu'elle les a acquittées long-tems avec le produit deſdits Droits, de la totalité deſquels elle jouit ou doit jouir préſentement, ſans autre charge que celle de l'Entretien & Réparations des Ponts, Ports, Quais, Edifices, Bâtimens & embelliſſemens de la ville de Paris.

M. le Procureur du Roi de la Ville prétend que le Chapitre de Notre-Dame, comme Seigneur, & les Propriétaires des Maisons de l'Isle, comme subrogés aux Entrepreneurs des Ponts & Quais de l'Isle pour l'achevement des Ouvrages qui avoient été commencés par Marie & ses Associés, sont tenus de l'Entretien & Réparations des Quais.

Cette prétention seroit fondée si le Chapitre de Notre-Dame eût conservé ses droits de Justice & de Voirie dans l'Isle avec la Police de ses Quais, & les profits qui y sont attachés, & si les Habitans, considérés comme renfermés dans un enclos, étoient, par une distinction particuliere, Propriétaires des Quais qui forment cet enclos, & des rues qui partagent leurs Maisons, non-assujettis aux Droits de Voirie envers le Roi, & exempts des Droits d'Inspecteurs aux Boucheries & aux Boissons, & autres qui se perçoivent au profit de l'Hôtel de Ville.

Mais d'un côté, le Chapitre de Notre-Dame a été depouillé gratuitement de sa Justice, qui a été réunie à celle du Châtelet par l'Edit du mois de Juillet 1674; de sa Voirie, dont le profit a augmenté le produit de la Voirie du Roi; & de la Police sur les Quais, qui est présentement exercée par le Bureau de la Ville; d'un autre côté, les Propriétaires des Maisons de l'Isle payent les droits de Voirie, ceux de Domaine & Barrage pour l'entretien du pavé de Paris, & enfin ceux d'Inspecteurs aux Boucheries & aux Boissons & autres, de même que les Habitans des autres quartiers de Paris.

Le Roi est devenu Seigneur, Justicier & Voyer de

l'Isle ; en cette qualité, il est le véritable Propriétaire des rues & des quais de l'Isle, comme des autres rues & quais renfermés dans l'enceinte de la ville de Paris.

Les Propriétaires des Maisons de l'Isle, représentans les anciens Entrepreneurs des Ponts & Quais de l'Isle ausquels ils ont été subrogés, ont payé réellement le prix des constructions des Ponts Marie & de la Tournelle, du Pont-Rouge, des Quais & autres Ouvrages qui forment l'enceinte de l'Isle ; ils ont payé une somme de 100000. liv. tant pour l'acquisition du fond de l'Isle & d'un place proche le Port Saint Landry, que pour le revêtissement en pierres de taille, du terrein derriere Notre-Dame : la Ville jouit du produit du Pont-Rouge qui est affermé, où les Passans payent un liard chaque fois qu'ils y passent.

Le Roi ni l'Hôtel de Ville, ni les Habitans des autres quartiers de Paris, n'ont contribué d'aucuns deniers à ces différentes dépenses qui ont formé un embellissement des plus considérables de la ville de Paris : elles ont été entierement à la charge des seuls Propriétaires des Maisons de l'Isle, lesquels cependant ont contribué avec les Habitans des autres quartiers de Paris, & contribuent journellement par le payement des Droits qui se perçoivent au profit de l'Hôtel de Ville, à fournir les moyens de pourvoir à la dépense des nouveaux embellissemens & à l'entretien des anciens.

Parce que les Propriétaires des Maisons de l'Isle ont supporté seuls le fardeau de toute la dépense d'un embellissement public dans un tems où l'Hôtel de Ville n'avoit pas de moyens suffisans pour pouvoir en être chargé, s'ensuit-il qu'ils doivent être tenus à perpétuité de l'entretien de cet établissement, pendant que l'Hôtel de Ville qui a acquis des revenus à cette destination, est chargé par état de la conservation & Entretien de tous les Embellissemens & Edifices publics?

L'Hôtel de Ville n'a pas fait construire les anciens Quais, Ponts & autres Edifices faits avant la construction de l'Isle; ces anciens embellissemens & ouvrages construits pour l'utilité publique, ont été faits par des Entrepreneurs qui ont Traité avec le Roi, & la dépense en a été payée par tous les Propriétaires des Maisons & Habitans de Paris, soit par Imposition, soit par l'établissement de différens Droits; la perception des Droits destinés au payement de ces constructions a été prorogée & enfin perpétuée, tant pour l'entretien de ces Ouvrages, que pour subvenir aux nouvelles constructions. L'Hôtel de Ville jouit de tous les Droits réunis pour cette destination qui ont été augmentés du Doublement & des Deux Sols pour livre : la Ville est donc chargée de l'Entretien des anciens Ouvrages qui appartiennent à l'embellissement de Paris & à l'utilité publique. Les Droits dont elle jouit lui ont été accordés sous cette condition, laquelle forme indivisiblement avec la finance payée au Roi, le prix de l'acquisition qu'elle en a faite.

Sans entrer dans l'énumération des anciens Ports, Quais, Ponts & Edifices publics construits avant ceux de l'Isle, qui ont été ordonnés par nos Rois, sans que la Ville ait concouru aux Devis, Traités, inſpections, viſites & réceptions des Ouvrages, & qui ont été payés par les Habitans de Paris, par Impoſition ou autrement ; ſans entrer dans le détail d'une liquidation de la valeur des Droits qui ont été aliénés à la Ville pour la mettre en état de conſerver, entretenir & réparer tous les anciens Edifices publics, de même nature que celui du Quai de l'Iſle ; & ſans faire la comparaiſon de la valeur réelle deſdits Droits, eu égard à leur produit, avec le prix de la finance très-modique que le Roi en a reçu de la Ville, il eſt certain & inconteſtable dans le fait, que la Ville a été pourvûe de moyens ſuffiſans pour ſubvenir à la dépenſe des réparations & entretien des Quais de l'Iſle, comme des autres anciens Quais qui ſe trouvent au long de la riviere dans les différens quartiers de Paris ; que tous les Habitans contribuent à fournir à la Ville ces moyens dans le payement des Droits qui ſe perçoivent à ſon profit ; & que la Ville n'eſt pas mieux fondée à vouloir ſe décharger de l'obligation de l'entretien pour la partie des Quais de l'Iſle, que pour les autres parties d'anciens Quais qu'elle ne fait aucune difficulté d'entretenir.

Quant à la formalité du Procès-verbal de viſite & réception des ouvrages des Quais achevés par les Propriétaires des Maiſons de l'Iſle qui n'a pas été faite par la Ville, & ſur le défaut de laquelle M. le Procureur du Roy, paroît vouloir fonder un autre moyen de décharge pour la Ville de l'entretien des Quais de l'Iſle, & de la réparation urgente & actuelle à faire au Quai d'Alençon, on a déja vû par les Titres & Piéces de ce qui s'est passé concernant les constructions de l'Isle, que les ouvrages ont été ordonnés par le Roi, que les Plans & Devis ont été faits par son ordre, & que les Traités ont été passés au nom de Sa Majesté : Messieurs les Prévôt des Marchands & Echevins n'ont eu aucune disposition, ni aucun droit de visite sur ces ouvrages ; l'inspection en avoit été expressément & exclusivement confiée aux Sieurs Almeras & de Laitre par un Arrêt du Conseil du 24. Juillet 1623. Il y a lieu de croire que ces Commissaires ont fait procéder à la réception des ouvrages : la Ville ne peut donc argumenter du défaut de Procès-verbal de visite & réception des ouvrages faits en son nom ; puisque ses Officiers n'avoient, ni droit, ni qualité, ni mission pour faire ce Procès-verbal.

Si les Propriétaires des Maisons de l'Isle eussent fait de leur propre mouvement les constructions des Ponts & Quais de l'Isle, ces ouvrages pourroient être regardés comme des constructions appartenantes à des Particuliers, qui seroient les maîtres de les conserver ou de les détruire ; mais dans cette supposition la Ville n'auroit pas la faculté d'en jouir & disposer, & de faire sceller dans ces ouvrages une multitude de gros Anneaux pour la garre des Bateaux qui dégradent & détruisent les Quais. De quel droit & par quelle servitude les Seigneurs & Propriétaires seroient-ils tenus de souffrir la dégradation journalière & habituelle de ces Quais ? Car c'est un fait certain que les

Bateaux attachés aux Anneaux ſcellés dans les gros murs des Quais ébranlent peu à peu, par des ſecouſſes continuelles, les pierres qui retiennent ces Anneaux, & que ces pierres ébranlées & forcées à la longue de ſe détacher de leur aſſiſe, tombent & occaſionnent les dégradations de l'eſpèce de celle ſurvenue au Quai d'Alençon. Le droit dont la Ville uſe à l'égard des Quais de l'Iſle, eſt véritablement le droit de Seigneur & de Propriétaire, & elle en doit inconteſtablement ſupporter les charges.

L'innondation & les glaces de 1740. ayant mis le mur du Quai qui forme la pointe de l'Iſle en dégradation & en danger, le Bureau de la Ville le fit promptement réparer, ſans y faire contribuer les Seigneurs & Propriétaires des Maiſons de l'Iſle : la-Ville avoit fait de plus fortes réparations à la même pointe de l'Iſle en l'année 1729. & une portion du mur du Quai des Orfevres, qui étoit tombée le 13. Février 1716. avoit auſſi été reconſtruite aux frais de la Ville. Le Bureau a reconnu alors en faiſant faire ces rétabliſſemens, que l'entretien de ces Quais étoit à ſa charge. Les réparations du Quai d'Alençon ſont de même nature, dans un cas tout ſemblable, & procédent tant de l'effort des glaces & des grandes eaux, que des dégradations des Bateaux qui ſont attachés aux Anneaux dudit Quai : la Ville doit donc également les regarder comme étant à ſa charge, & y pourvoir à ſes frais.

On a voulu faire entendre que les réparations de la

pointe de l'Isle avoient été faites aux frais de la Ville par arrangement avec M. le Marquis de Bretonvilliers Propriétaire de l'Hôtel de ce nom, qui occupe le terrein de la pointe où ces réparations ont été faites; mais cette insinuation ne peut être d'aucune considération, parce que si cette réparation n'eût pas été réellement & justement à la charge de la Ville, elle auroit été, suivant la prétention de M. le Procureur du Roy, à la charge de tous les Propriétaires des Maisons de l'Isle en général, lesquels auroient dû y contribuer chacun en particulier, proportionnément aux terreins que leurs Maisons occupent dans l'Isle; parce que, en supposant que tous les Propriétaires des Maisons de l'Isle fussent aussi Propriétaires des Quais, il seroit contre l'usage, le droit des Copropriétaires & contre toute justice, que le Propriétaire d'une Maison située sur un des Quais, fût seul tenu de réparer à ses frais une dégradation qui surviendroit au Quai, parce que cette dégradation se trouveroit devant sa Maison, pendant que les Propriétaires des autres Maisons situées sur le même ou sur les autres Quais n'y contribueroient pas, & que ceux à qui appartiennent les Maisons situées dans les rues de l'intérieur de l'Isle & hors les Quais, ne se trouveroient jamais dans le cas de contribuer à ces sortes de réparations: il en faut donc conclure que la Ville n'a pû ni dû faire aucun arrangement avec M. le Marquis de Bretonvilliers pour la réparation faite à la pointe de l'Isle en l'année 1741. sans y avoir appellé tous les Propriétaires des Maisons de l'Isle, ou qu'en tous cas cet arrangement tel qu'il puisse être, ne peut préjudicier ausdits Propriétaires, & ne mérite aucune considération.

Non-seulement la Ville est tenue dans le fait de pourvoir à ses frais au rétablissement de la dégradation du Quai d'Alençon, & à la conservation & entretien des autres Quais qui forment l'enceinte de l'Isle Notre-Dame; mais elle y est encore formellement obligée dans le droit par l'Edit du mois de Juin 1700. portant Réglement pour la Jurisdiction du Lieutenant Général de Police, & celle des Prévôt des Marchands & Echevins de Paris.

L'Article V. de cet Edit, s'explique en ces termes: » Que les Prévôt des Marchands & Echevins prennent connoissance, & ayent Jurisdiction sur les » Quais, pour empêcher que l'on n'y mette aucune » chose qui puisse empêcher la Navigation sur la Riviere, & pour en faire ôter celles qui y auront été » mises; & pareillement celles qui pourroient causer » le dépérissement des Quais, *DE L'ENTRETIEN DESQUELS ILS SONT CHARGÉS*, & sans qu'ils puissent y » faire construire à l'avenir aucunes échopes, ni aucuns autres bâtimens de quelque nature que ce puisse » être, sans en avoir obtenu notre permission.

Suivant cet Edit & ce Règlement qui forment & établissent la Jurisdiction de la Ville, la Police des Quais accordée à Messieurs les Prévôt des Marchands & Echevins est inséparable de l'obligation de l'entretien de ces Quais ; & ſi la Ville prétend par une diſtinction particuliere n'être pas tenue de la conſervation & entretien des Quais de l'Iſle, elle ne doit avoir aucune Police ſur ces Quais ; elle n'a eu aucun droit d'y faire attacher des Anneaux, & l'ayant fait, elle doit dédommager & indemniſer ceux qu'elle prétend être tenus de cet entretien, de la dégradation & du préjudice que les Bateaux attachés à ces Anneaux cauſent aux gros murs des Quais de l'Iſle.

L'Hôtel de Ville de Paris ne jouit d'aucun fond ou revenu qui ne lui ait été, ou ne lui ſoit fourni par les Habitans de cette Ville ; Meſſieurs les Prévôt des Marchands & Echevins, qui ſont les Adminiſtrateurs de ces revenus, doivent les employer avec une égale affection pour tous les Habitans de cette Ville dont ils ſont les Protecteurs : cependant ſi quelques-uns de ces Habitans pouvoient exiger de leur part de plus grands égards, & une diſtinction particuliere, les Propriétaires des Maiſons de l'Iſle ſe flatteroient de les mériter, pour avoir plus contribué à l'embelliſſement de cette Ville.

En cet état, le Bureau de la Ville eſt très-humblement ſupplié de vouloir bien faire pourvoir diligemment au rétabliſſement des dégradations du Quai d'Alençon, dont la chûte prochaine menace d'entraîner celle de pluſieurs Maiſons, même du Pont Marie ; dont une partie qui eſt tombée en l'année 1658. a occaſionné la perte de vingt-deux Maiſons, & d'un grand nombre d'Habitans, & peut occaſionner les plus grands déſordres avec des pertes conſidérables : ou de permettre que les Propriétaires des Maiſons qui ſont les plus expoſées & menacées par cet accident, ſe pourvoyent ſans délai pour faire faire ce rétabliſſement, ainſi qu'il appartiendra.

CONSULTATION
Du 5. Octobre 1754.

LE ſouſſigné, qui a vû le Mémoire concernant la queſtion de ſçavoir ſi les Réparations qui ſont à faire au Quai d'Alençon dans l'Iſle Notre-Dame ou de Saint Louis, doivent être à la charge des Propriétaires des Maiſons de l'Iſle, ou ſi elles doivent être faites aux dépens du Corps de Ville de Paris dont Meſſieurs les Prévôt des Marchands & Echevins adminiſtrent les biens & les revenus,

Eſt d'Avis que la queſtion dont il s'agit doit être diviſée en quatre.

La premiere conſiſte à ſçavoir, ſi les Quais qui environnent l'Iſle Notre-Dame, & les murs dont ils ſont revêtus, ſont des ouvrages qui appartiennent aux Particuliers qui poſſédent des Maiſons dans l'Iſle, ou ſi ce ſont des ouvrages Publics.

La ſeconde, eſt de ſçavoir ſi ces ouvrages étant publics ils appartiennent au Roi ou à une Communauté d'Habitans.

La Troiſiéme, quelle eſt cette Communauté d'Habitans à laquelle on pourroit dire que ces Quais appartiennent; comprend-elle ſeulement les Poſſeſſeurs des Maiſons de l'Iſle, ou comprend-elle l'entiere ville de Paris, & ſes dépendances ?

Et la quatriéme, eſt de ſçavoir aux dépens de qui doivent être entretenus & réparés ces Ouvrages Publics.

Quant à la premiere queſtion, il eſt certain que lorſque les Particuliers font quelques ouvrages pour garantir leurs biens des innondations & des ravages des Rivieres, ces ouvrages leur appartiennent, & ils peuvent les entretenir & les réparer comme ils trouvent à propos, pourvû que ce ſoit ſans nuire à perſonne, mais c'eſt à leurs dépens qu'ils doivent faire les réparations : c'eſt le Droit commun, il en eſt parlé dans la loi *Unic. ff de ripâ muniendâ*, & dans pluſieurs Coutumes, les Propriétaires de ces ouvrages particuliers peuvent même les abandonner, s'ils jugent que c'eſt leur avantage.

Mais les ouvrages qui ſont faits pour l'utilité publique d'une Communauté d'Habitans n'appartiennent à aucun Particulier.

Sur la ſeconde queſtion qui eſt de ſçavoir ſi ces ouvrages Publics appartiennent au Roi ou au Seigneur Juſticier, ou à la Communauté des Habitans, il faut obſerver la différence qu'il y a entre le droit Romain qui s'obſerve à cet égard dans les Etats Républicains, & les Etats Monarchiques, qui comprennent auſſi des Seigneuries & des Juſtices particulieres.

Par le Droit Romain, les Ouvrages publics qui étoient dans les Villes & Bourgs appartenoient à la Communauté des Habitans, & l'uſage en étoit public, *§ 6. Inſtitut. de rerum diviſ. Leg 6. §. 1. ff. eodem ;*

mais dans la plûpart des Etats Monarchiques on a prétendu que ces ouvrages appartiennent en propriété au Souverain ou au Seigneur qui en a la Haute-Justice; *Loiseau*, *Traité des Seigneuries Chap. 12.* est d'avis toutefois que la propriété n'en appartient à personne, & que l'usage en appartient à chaque Particulier, pourvû que ce soit sans *empêchement de l'usage commun.*

Mais cette question concernant la propriété des Ouvrages publics, est dans le fond peu importante, & ne peut donner lieu qu'à des disputes inutiles; il n'y a aucune difficulté quant à l'usage qui est public: mais il est certain en France que les Communautés ne peuvent pas disposer des Ouvrages publics comme Propriétaires, & que toutes les dispositions qui en sont faites doivent être autorisées par le Roi ou par le Seigneur Haut-Justicier; & même, suivant les Réglemens qui ont été faits par nos Rois, il y a peu de chose que les Communautés puissent faire à l'égard des Ouvrages publics sans l'autorité du Roi.

Il faut venir à la troisiéme & à la quatriéme question, & sans disputer sur la propriété des Ouvrages publics, il faut examiner dans quelle Communauté sont les Quais de l'Isle.

On ne peut pas dire que les Habitans & les Propriétaires des Maisons de l'Isle composent une Communauté séparée de celle qui comprend la ville de Paris & dépendances: cette Isle fait partie d'un des quartiers de Paris, elle n'a point de Magistrats municipaux particuliers, elle a les mêmes que le reste de la Ville; sçavoir, M^rs les Prévôt des Marchands &

Echevins de la Ville, ſous le nom de laquelle on comprend l'Iſle Notre-Dame, de même que tous les autres quartiers.

Mais pour un plus grand éclairciſſement des trois queſtions dont on vient de parler, & de la quatriéme qui eſt la principale, & qui conſiſte à ſçavoir aux dépens de qui doit être réparé le Quai d'Alençon, il faut expliquer ce qui s'eſt paſſé à l'égard de la conſtruction des Maiſons de l'Iſle & des autres ouvrages qui ont été faits à cette occaſion, tant pour l'utilité & la commodité de toute la Ville, que pour celle de l'Iſle Notre-Dame : ce que l'on va dire à ce ſujet eſt rapporté plus amplement dans le *Traité de la Police par le Sieur Lamare, Tom. I. pag. 9. col. 1. pag. 100. col. 1. pag. 102. col. 1. & 2. pag. 103. & dans l'Hiſtoire de la Ville de Paris par les P. P. Lobineau & Felibien, Tom. II. pag. 1324, 1325 & 1326.*

Cette Iſle eſt compoſée de deux qui étoient anciennement ſéparées par un petit canal; la Juſtice, la Seigneurie & la propriété en appartiennent au Chapitre de Paris.

Au commencement du Régne du Roi Louis XIII. on renouvella le Projet qui avoit été formé ſous Henry IV. pour la conſtruction des Maiſons, Ponts & Quais de ces Iſles; Chriſtophe Marie Entrepreneur général des Ponts & Chauſſées de France, fut choiſi pour exécuter cette entrepriſe.

Le Roi nomma des Commiſſaires qui paſſerent le 9. Avril 1614. un Contrat avec Marie, lequel s'obligea de joindre les deux Iſles en rempliſſant le canal qui les séparoit, de les environner dans dix ans de Quais revêtus de pierres de taille, d'y bâtir des Maisons, d'y faire des rues de la largeur de quatre toises, & un Pont pour passer du quartier Saint Paul dans cette Isle; le tout moyennant la concession qui lui fut faite du fond & de la superficie du terrain des deux Isles, dont le Roi se chargea de faire l'acquisition du Chapitre Notre-Dame.

Le Chapitre ayant formé opposition au Traité, on se pourvût au Parlement & au Conseil, où il fut rendu deux Arrêts en 1616. & 1618. qui ordonnerent que le Marché fait avec Marie seroit exécuté, & que pour récompenser le Chapitre du droit de Propriété, il lui seroit payé 1200. livres de rente sur le Domaine du Roi, que tous les Droits de Censive, Lods & Ventes lui appartiendroient après l'expiration des soixante années pendant lesquelles Marie devoit en jouir, & que le terrein qui étoit derriere l'Eglise Notre-Dame seroit revêtu de pierres de taille par les mêmes Entrepreneurs aux dépens du Roi.

Marie avoit associé dans son entreprise Le Regratier & Poultier, mais après avoir fait bâtir des Maisons dans une partie de l'Isle, ils céderent leur Traité à Jean Delagrange, & il fut passé un nouveau Contrat le 16. Septembre 1623. par lequel Delagrange s'obligea d'indemniser Marie & ses Associés, & de continuer les Ouvrages suivant les nouveaux Plans & Devis qui en furent donnés, de faire construire un Pont de bois pour passer de l'Isle au quartier S. Landry, deux autres Ponts de pierre en arcades, l'un du côté de l'Arcénal, & l'autre du côté de la Tournelle, & de rendre tous ces Ouvrages parfaits dans six ans à compter du premier Mars 1624.

Il y eut un Procès au Conseil entre Delagrange d'une part, & Marie & ses Associés d'autre; mais en vertu d'un Arrêt du Conseil du 24. Juillet 1627. il fut fait un Accommodement, par lequel Marie & ses Associés se chargerent de nouveau de l'entreprise des Bâtimens & autres ouvrages; & s'obligerent d'entretenir le Contrat du 16. Septembre 1623. & de rendre compte au Roi de six en six mois des progrès des Ouvrages.

Le même Arrêt nomma le Sieur Almeras Maître des Comptes & le Sieur de Laistre Bourgeois de Paris, pour avoir l'Intendance sur les Ouvrages, & tenir la main à l'exécution du Traité.

Les anciens Entrepreneurs continuerent de travailler, mais le Chapitre de Notre-Dame les troubla, & le Roi pour terminer la contestation traita avec le Chapitre. Il fut passé un Contrat le 14. May 1642. avec les Commissaires de S. M. le Chapitre vendit au Roi la place qui avoit été choisie vers le Port S. Landry pour la culée du Pont de bois, avec le fond de l'Isle Notre Dame, & la jouissance des Lods & Ventes des Maisons pour soixante ans seulement, à compter depuis 1614. & le Chapitre se réserva les Censives, la Voirie, la Justice haute, moyenne & basse, & 60. sols à chaque mutation. Il fut aussi convenu qu'après les soixante ans expirés, le Chapitre rentreroit en possession de tous ses Droits Seigneuriaux.

Le prix de cette vente fut fixée à 50000. livres amorties & déchargées de toute finance, laquelle somme seroit payée dans six mois, & seroit employée en fond de terre.

Il fut ordonné par un Arrêt du Conseil que cette somme de 50000. livres seroit levée sur les Propriétaires des Maisons & Masures de l'Isle à raison de 50. sols par toise.

Depuis & en 1643. les Habitans de l'Isle demanderent d'être subrogés à Marie & à ses Associés, & offrirent d'achever dans trois ans les Ponts & Quais qui restoient à faire, de les rendre parfaits dans quatre années, de payer au Chapitre les 50000. livres que le Roi lui avoit promis, & de donner encore 50000. l. pour faire revêtir de pierres de taille le terrein qui étoit derriere l'Eglise Notre-Dame, & enfin de remplir tous les Traités qui avoient été faits avec les Entrepreneurs, & les dispositions des Arrêts qui en avoient ordonné l'exécution.

Ces offres furent acceptées, & le Roi transporta aux Propriétaires des Maisons de l'Isle, toutes les places qui restoient à vendre & tous les Droits qui avoient été cédés à Marie & à ses Associés, à condition toutefois qu'au cas que tous ces effets ne fussent pas suffisans pour la dépense qui seroit nécessaire pour finir les ouvrages, ce qui manqueroit se leveroit sur tous les Propriétaires; & qu'au cas qu'il y eût de l'excédent, il appartiendroit à Marie & à ses Associés.

Ce dernier Traité fut exécuté, au moyen de quoi les Ouvrages de l'Isle commencés par Marie en 1614.

continués par Delagrange en 1623. & repris en 1627. par Marie & ses Associés, furent achevés par les Propriétaires des Maisons de l'Isle en 1647. & ce nouveau quartier de Paris a été depuis ajouté à celui de la Cité.

Mais la haute, moyenne & basse Justice dont le Chapitre étoit demeuré en possession, a été réunie au Châtelet de Paris en vertu de l'Edit de 1674. & le Roi a aussi retenu le droit de Voirie.

C'est l'état où se trouve actuellement l'Isle Notre-Dame ou de S. Louis.

L'on voit par ces faits historiques, en premier lieu, que l'entreprise de construire des Maisons dans l'Isle, d'y faire des Quais, & de les revêtir de pierres de taille, a été une augmentation très-considérable & un grand embellissement de la Ville.

En second lieu, que cette entreprise a eu pour objet non-seulement l'Isle & les Maisons & Quais qui y ont été faits, mais encore ce qui composoit la Ville telle qu'elle étoit avant ces nouvelles constructions. L'on a construit le Pont Marie pour la communication du quartier Saint Paul à l'Isle ; le Pont de la Tournelle pour la communication de l'Isle avec les quartiers qui sont sur la rive gauche de la riviere ; le Pont-de-Bois ou le Pont-Rouge pour la communication de la Cité avec l'Isle ; & enfin le terrein qui est derriere l'Eglise Notre-Dame a été revêtu de pierres de taille : tous ces Ouvrages ont fait l'objet de l'entreprise, & ne sont pas moins utiles & nécessaires pour le reste de la Ville que pour l'Isle.

En

En troisiéme lieu, que cet aggrandissement n'a composé qu'un seul Corps & une seule Communauté d'Habitans, avec les autres quartiers de la Ville, puisque l'Isle a été ajoutée au quartier de la Cité, & que les trois Ponts qui ont été construits joignent de trois côtés l'Isle avec tous les autres quartiers de la Ville.

En quatriéme lieu, comme c'étoit un Ouvrage public, l'autorité du Roi y est intervenue depuis le commencement jusqu'à la fin; c'est par les Commissaires de Sa Majesté que tous les Marchés ont été faits, & par l'autorité du Conseil que les Devis & les Plans ont été dressés & réformés : on ne peut construire aucun Ouvrage public sans l'autorité du Souverain. Les Romains qui ont été les plus grands Hommes du monde pour la construction des Ouvrages publics, avoient établi cette Régle & cette Police; *Ne opera fiant in muris, portis, aliisve locis Publicis, nisi Præses de eo aditus Principem de eo consuluerit, Leg. 11. penult. de operibus public. Leg. 3. & 14. Cod. eodem;* & c'est ce qui a été observé très-exactement en France, principalement à Paris qui est la capitale du Royaume & le séjour de nos Rois. L'on voit dans l'histoire de cette Ville, dans le Traité de la Police du Sieur Lamare, & dans la continuation, une infinité d'exemples d'Ouvrages publics qui n'ont été construits que par les ordres de nos Rois, ou du moins avec leur consentement & leur approbation; c'est pour cela qu'ils ont donné tant de Lettres Patentes & d'Arrêts de leur Conseil, & qu'ils ont fait passer tant de Contrats par leurs Commissaires.

L'entretien & les réparations des Ouvrages publics sont à la charge des Villes & Communautés d'Habitans ; c'est une régle fondée sur la raison & sur le bon sens, elle a toujours été observée dans tous les Etats: on le voit dans plusieurs Loix Romaines. *Leg. 11. & 12. ff. de operibus public.* & c'est ce qui s'observe aussi en France, & en particulier dans la ville de Paris.

Cette obligation naturelle de la Ville a été même confirmée par des Loix expresses du feu Roi.

La premiere, est l'Ordonnance du mois de Décembre 1672. faite pour la ville de Paris ; il y a un Chapitre entier, dont le titre est conçû en ces termes: *Chapitre 32. concernant les Constructions, réparations & entretenemens des Portes & Remparts, Quais, Ports, Abreuvoirs & autres Ouvrages publics de ladite ville de Paris.* La Ville est donc chargée de ces Réparations & Entretenemens, & cela résulte encore de tous les articles contenus dans ce Chapitre.

La seconde Loi, est l'Edit du mois de Janvier 1700. portant Réglement pour la Jurisdiction du Lieutenant général de Police, & celle des Prévôt des Marchands & Echevins de Paris ; l'Art. V. parle en ces termes ; *Que les Prévôt des Marchands & Echevins prennent connoissance & ayent Jurisdiction sur les Quais pour empêcher que l'on n'y mette aucunes choses qui puissent empêcher la Navigation sur la riviere, & pour en faire ôter celles qui auroient été mises, & pareillement celles qui pourroient causer le dépérissement des Quais, de l'entretien desquels ils sont chargés, & sans qu'ils puissent à l'avenir faire aucunes échopes ni aucuns autres bâtimens de quelque nature que ce puisse être, sans en avoir obtenu notre permission, &c.*

Cet Edit est rapporté dans le *premier Tome du Traité de la Police par le Sr Delamare*, pag. 195, 196. & 197.

Cette expression, *de l'Entretien desquels ils sont chargés*, ne laisse aucun doute, & suppose que l'obligation des Prévôt des Marchands & Echevins est très-bien établie.

Tous les revenus de la Ville sont affectés à cet entretien & à ces réparations ; c'est pour cela que nos Rois & principalement le feu Roi Louis XIV. & le Roi aujourd'hui régnant, lui ont accordé de si grands Droits qu'ils perçoivent sur tous les Habitans & même sur les Etrangers ; sçavoir, sur le Pied-fourché & sur les Boissons, les droits des Inspecteurs aux Boucheries & aux Boissons, le Doublement & les Deux Sols pour livre de ces mêmes droits, & encore les droits des Vendeurs, Courtiers, Jaugeurs, Mesureurs & Controlleurs, Essayeurs & Visiteurs, les droits sur les Eaux-de-vie & sur la Bierre : On peut dire que le produit de tous ces Droits monte à plus de deux millions par an.

Il est arrivé dans plusieurs occasions, que quand on a voulu faire des entreprises considérables & construire de grands Ouvrages tant pour la nécessité, l'utilité ou la commodité, que pour l'embellissement de la ville de Paris, & des autres grandes Villes du Royaume, les revenus des Villes ne se sont pas trouvés suffisans, & alors nos Rois y ont contribué de leurs propres revenus, ou ils ont attribué aux Villes des deniers d'Octroy & divers droits à prendre sur les Habitans & mêmes sur les Etrangers ; mais en l'état où est actuellement la ville de Paris, les Prévôt des Marchands & Echevins n'ont pas besoin de ce secours.

L'Auteur *du 4e Tome ou de la Continuation du Traité de la Police, Liv. 6. tit. 10. sect. 2. dit sur ce sujet : Que l'Hôtel de Ville de Paris est chargé de l'entretien des Ponts, des Quais, des Abreuvoirs & des autres Ouvrages publics, & qu'il prend cette dépense sur le produit des Octrois qui lui ont été accordés en différens tems à mesure que les charges sont devenues plus considérables, que nos Rois ont consacré ces fonds à l'utilité commune & à l'embellissement de la Ville, & qu'ils se sont, pour ainsi dire, interdit la faculté de les employer à d'autres usages.*

L'on a dit ci-dessus que l'Isle forme un même Corps de Ville avec les autres quartiers, toutes les charges leur sont communes ; l'Isle ne forme pas une Communauté particuliere, les Habitans de l'Isle contribuent à tous les Droits qui sont levés pour l'entretien & les réparations des Ouvrages publics, & pour la construction de ceux que les Prévôt des Marchands & Echevins font de tems en tems. Si les Habitans de l'Isle étoient obligés d'entretenir & de réparer les Quais qui l'environnent, il faudroit que les Prévôt des Marchands & Echevins leur rendissent ce qu'ils payent journellement pour l'entretien & les réparations des Ouvrages publics des autres quartiers.

L'Ordonnance de 1672. & l'Edit de 1700. que l'on a déja cité, chargent indistinctement les Prévôt des Marchands & Echevins de l'entretien & des réparaţions des Quais & des autres Ouvrages publics; ils ne diſtinguent point ceux de l'Iſle d'avec ceux des autres quartiers, parce que tous ces Quais & autres Ouvrages dépendent de la même Communauté & du même Corps de Ville.

Ainſi l'on voit journellement que les Prévôt des Marchands & Echevins entretiennent & réparent tous les Quais & tous les Ouvrages publics de la Ville ; & pour ce qui regarde en particulier les Quais, perſonne n'ignore qu'en 1716. une partie du mur du Quai des Orfévres étant tombée, la réparation en fut faite aux frais du Bureau de la Ville. Il ſeroit aiſé d'en citer un grand nombre d'autres exemples.

Ils en ont uſé de même à l'égard des Quais de l'Iſle ; les glaces & l'innondation de l'année 1740. ayant dégradé & mis en danger le mur du Quai qui forme la partie orientale de l'Iſle, ils le firent promptement réparer aux frais de la Ville, ſans faire contribuer M. le Marquis de Bretonvilliers, qui poſſédoit alors, comme à préſent, la maiſon qui eſt vis-à-vis de l'endroit du mur du Quai qui avoit beſoin de réparation. La Ville avoit fait encore de plus fortes réparations à la même pointe de l'Iſle en l'année 1729.

Enfin, ce qui prouve encore évidemment que l'utilité & la commodité des Quais de l'Iſle ſont communes à tous les Habitans, & que les Prévôt des Marchands & Echevins qui adminiſtrent la Communauté, en uſent comme des autres Ouvrages publics de la Ville, c'eſt qu'ils font attacher aux murs de ces Qais de gros

Anneaux de fer, auſquels ſont liés les cordages qui retiennent les bateaux: ce qui eſt d'une très-grande utilité pour le Commerce. Or ces Anneaux, les cordages & les bateaux dégradent & dérangent peu à peu les pierres des murs, ſurtout quand les eaux ſont groſſes, & qu'elles donnent de violentes ſecouſſes; le Bureau de la Ville n'auroit aucun droit de permettre que les bateaux fuſſent ainſi attachés aux murs de ces Quais, s'ils appartenoient aux Habitans de l'Iſle, ou ils ſeroient du moins obligés d'indemniſer les Propriétaires des murs, ou de leur payer un certain droit pour cette attache.

M. le Procureur du Roi de la Ville fait quelques objections qui ſont faciles à refuter.

La premiere, eſt que les Propriétaires des Maiſons de l'Iſle ont été ſubrogés en 1643. aux droits des anciens Entrepreneurs, & aux charges dont ils étoient tenus; d'où il conclut que ces Propriétaires ſont obligés d'entretenir & de réparer les Quais de l'Iſle.

C'eſt une très-mauvaiſe conſéquence, car les anciens Entrepreneurs n'étoient tenus que de conſtruire les Ouvrages conformément aux Plans & Devis, & aux Marchés qui en avoient été faits; ils étoient auſſi obligés de les garantir pendant quinze ans. : cette preſcription pour les vices & défauts qui ſe trouvent dans la conſtruction des Ouvrages publics, avoit été établie par les Loix Romaines; elle a été approuvée & reçûe en France, comme le témoignent tous les Auteurs.. La Loi *Omnes 8. Cod. de operib. public.* a fixé expreſſément ce terme de quinze ans : *Omnes quibus cura mandata fuerit operum publicorum, vel pecunia ad extructionem solito more credita est usque ad annos quindecim ab opere perfecto, cum suis hæredibus teneantur obnoxii, ita ut si quid vitii in ædificatione intra præstitutum tempus pervenerit, de eorum patrimonio reformetur;* & encore la Loi excepte les cas fortuits qui sont arrivés pendant ce même espace de quinze ans, *exceptis tamen his casibus qui sunt fortuiti.*

Mornac sur cette Loi * dit, qu'elle fut très-bien observée à Paris du tems du grand incendie qui arriva sous le Roi Henry IV.

* *Elle est cottée 7. dans Mornac, cependant c'est la 8. du titre* Cod. de operib. public.

Pithou, sur l'Art. 200. de la Coutume de Troyes, dit, que cette Loi s'observe en France & en allégue des Arrêts; mais il ajoute que pour les menus Ouvrages & réparations la garantie ne dure que trois ans.

L'on voit la même chose dans le Tome 4. ou la continuation du Traité de la Police, *Liv. 6. tit. 4. des Bâtimens*, pag. 38. où l'Auteur cite *Bouteiller & le Grand Coutumier de Pratique;* ainsi cette Loi est observée en France depuis plusieurs siécles.

Il feroit donc absurde de dire, après cent sept ans qui se sont passés depuis la perfection des Ouvrages dont il s'agit, que les anciens Entrepreneurs ou leurs héritiers seroient tenus d'entretenir & de réparer les Quais de l'Isle & les autres Ouvrages faits en ce tems-là; & puisque les anciens Entrepreneurs ni leurs héritiers ne pourroient pas être recherchés pour l'entretenement & les réparations des Ouvrages construits dans l'Isle; les Propriétaires des Maisons, qui ont été subrogés à ces anciens Entrepreneurs, ne sont pas non plus soumis à cette obligation.

Perſonne n'a jamais dit ni penſé que les Entrepreneurs des Ouvrages publics ſoient obligés à perpétuité, à les entretenir & à les réparer : on ne trouveroit point d'Entrepreneurs qui vouluſſent ſe ſoumettre à une telle charge, c'eſt bien aſſez qu'ils ſoient ſoumis à les garantir pendant quinze ans; & même ils ne ſont tenus de rien lorſque les ruines & les dégradations ſont arrivées pendant les quinze années par des cas fortuits, comme la Loi que l'on a citée, le décide expreſſément.

Si l'argument de M. le Procureur du Roi avoit quelque fondement, il s'enſuivroit que les Propriétaires des Maiſons de l'Iſle ſeroient obligés d'entretenir & de réparer non-ſeulement les Quais de l'Iſle, après cent ſept ans qui ſe ſont paſſés depuis la perfection de ces Ouvrages, mais qu'ils ſeroient auſſi obligés d'entretenir & de réparer le Pont-Marie, le Pont de la Tournelle & le Pont-Rouge, & même les Ouvrages faits pour revêtir le terrein qui eſt derriere l'Egliſe Notre-Dame : car les anciens Entrepreneurs étoient obligés de conſtruire & de rendre parfaits tous ces Ouvrages, & les Propriétaires des Maiſons de l'Iſle ont été ſubrogés à toutes ces obligations; par conſéquent ils ſeroient obligés de les entretenir & de les réparer à perpétuité : ce ſeroit une propoſition contraire à la Juſtice & au bon ſens, & jamais perſonne n'a eu une pareille idée.

La ſeconde objection de M. le Procureur du Roi, eſt que la Ville n'a fait aucun Procès-verbal pour la viſite & la réception des Quais de l'Iſle ni des autres

Ouvrages dont étoient chargés les anciens Entrepreneurs, au lieu & place desquels les Propriétaires des Maisons de l'Isle ont été subrogés en 1643.

Cette objection est aussi foible que la précédente, & il y a deux réponses décisives pour la refuter.

La premiere, est que tous ces Ouvrages ont été ordonnés par le Roi ; que les Plans, les Devis & les Marchés ont été faits par son autorité ; que les Traités ont été faits à son nom ; que les Prévôt des Marchands & Echevins n'ont pû y rien ordonner, ni en faire aucune visite ; que l'inspection en avoit été expressément commise aux Sieurs Almeras & Delaistre par l'Arrêt du Conseil du 24. Juillet 1623. comme on l'a expliqué ci-dessus : ces Commissaires firent sans doute procéder à la Visite & à la réception de tous ces Ouvrages, & les Officiers de la Ville n'avoient aucun pouvoir de s'en mêler.

La seconde réponse, est, comme on l'a déja dit, que les Entrepreneurs des Ouvrages publics ne sont tenus qu'à les garantir pendant quinze ans ; il seroit absurde de prétendre les rechercher pour les obliger à entretenir & réparer ces Ouvrages après cent sept ans, sous prétexte qu'il ne paroît aucun Procès-verbal de visite ni de réception ; l'on doit présumer, après un si longtems que tout a été fait dans les régles, que les Ouvrages ont été visités & reçûs lorsqu'ils ont été dans leur perfection ; & quand il seroit vrai qu'ils n'ont pas été visités ni reçûs, il suffit que personne ne s'en soit jamais plaint, que l'on en ait toujours usé, & que les réparations ayent toujours été faites par le Public ; c'eſt-à-dire, par les Prévôt des Marchands & Echevins, ſans que jamais on ait prétendu que les Propriétaires des Maiſons de l'Iſle fuſſent obligés à ces réparations.

Pour troiſiéme objection, M. le Procureur du Roi & de la Ville allégue que la réparation du Quai de la pointe de l'Iſle fut faite en 1740. & 1741. aux dépens de la Ville en conſéquence d'un arrangement ou d'un accommodement entre le Bureau de la Ville & le Sr Marquis de Bretonvilliers qui poſſédoit alors, comme à préſent, la Maiſon qui eſt vis-à-vis de l'endroit du Quai qui avoit beſoin d'être réparé. Mais en premier lieu, on ne voit point de preuve de ce prétendu accommodement ; en ſecond lieu, quand il ſeroit certain & bien prouvé, on n'en pourroit tirer aucun avantage contre les Propriétaires des autres Maiſons de l'Iſle : il faudroit dire, ſuivant l'idée de M. le Procureur du Roi, que les ſeuls Poſſeſſeurs des Maiſons qui ſont vis-à-vis des Quais de l'Iſle, & qui n'en ſont ſéparées que par le terrein des Quais, ſont obligés à ces réparations, & que les Maiſons qui ſont dans l'intérieur de l'Iſle ne doivent point y contribuer ; ce qui ſeroit évidemment injuſte, parce que les Quais ont été faits pour l'utilité & la ſureté de toute l'Iſle : les Maiſons qui ſont dans l'intérieur ſeroient bientôt endommagées & dégradées, ſi celles qui ſont vis-à-vis les Quais, ou une partie conſidérable des murs des Quais, étoient emportées ou démolies par les grandes innondations. Les Maiſons qui ſont vis-à-vis les Quais ſont expoſées aux dégradations qui peuvent ſurvenir, mais elles en garantiſſent celles qui ſont dans l'intérieur de l'Iſle; ainſi celles-ci doivent contribuer aux dépenſes des réparations.

Mais l'on a prouvé que ce ne ſont pas ſeulement les Maiſons de l'Iſle qui ſont tenues de ces réparations, c'eſt toute la Ville en Corps qui en eſt tenue; autrement il faudroit dire, que les Maiſons de l'Iſle ne doivent rien contribuer à l'entretien ni aux réparations des autres Quais ni des Ponts & autres Ouvrages publics des autres quartiers de la Ville; cependant tous les Habitans de l'Iſle & tous les autres Habitans de la Ville payent tous les Droits qui ont été accordés aux Prévôt des Marchands & Echevins pour ces réparations.

Il s'enſuivroit de la prétention de M. le Procureur du Roi, que les Maiſons qui ſont vis-à-vis des autres Quais de la Ville devroient ſeules contribuer pour les réparations qui ſurviennent à ces Quais, dont elles ne ſont ſéparées que par les rues ou les terreins des Quais, ce qui intéreſſeroit plus particulierement les Propriétaires de la Cité, qui eſt une Iſle, de même que l'Iſle Notre-Dame. Ces deux Iſles ſont entourées de Quais, & par conſéquent elles doivent être de la même condition. Mais il eſt inutile de s'arrêter plus longtems ſur cela; car ni ces deux Iſles ni les autres quartiers de la Ville ne forment pas des Corps ni des Communautés ſéparés: elles forment un ſeul & même Corps & une ſeule & même Communauté avec tous les autres quartiers de la Ville; & tous les quartiers ſont tenus de contribuer à l'entretien & aux réparations de tous les Ouvrages publics de la Ville, & ils y contribuent réellement en payant tous les Droits qui ſont perçus au profit de l'Hôtel de Ville, & qui ſont deſtinés à ces dépenſes. A PARIS, le cinq Octobre mil ſept cens cinquante-quatre.

Signé, BARGETON.

De l'Imprimerie de G. LAMESLE, Imprimeur des Fermes du Roy, au Bureau Général des Aydes 1755.

www.ingramcontent.com/pod-product-compliance
Ingram Content Group UK Ltd.
Pitfield, Milton Keynes, MK11 3LW, UK
UKHW021121230726
13926UKWH00002B/587

9 782014 463767